OBSERVATIONS

DE

LOUIS BONAPARTE, COMTE DE St-LEU,

SUR

L'HISTOIRE DE NAPOLEON,

PAR M. DE NORVINS,

PARIS

IMPRIMERIE DE GOETSCHY FILS ET COMPAGNIE,

RUE LOUIS-LE-GRAND, n° 35.

1834

J'ai lu avec attention les *observations* du comte de St-Leu *sur l'histoire de Napoléon, par M. de Norvins*, et j'ai cru de mon devoir d'historien de les insérer dans mon recueil. C'est d'ailleurs une œuvre de justice que je remplis d'autant plus volontiers qu'elle servira peut-être de consolation à ces illustres bannis, dont un écrivain a méconnu les qualités, le grand caractère et le rare mérite. Je déclare n'être ici que l'écho de la vérité.

Napoléon est un homme à part, qui n'a pas eu de modèle, qui n'aura pas d'égal et dont le génie fut supérieur à tout ce que l'antiquité peut offrir de grand parmi ses héros. Tout est obscur et petit à côté de cet homme géant qui efface les plus grandes gloires par l'immensité de la sienne, et dont l'éclat brillera dans l'avenir, comme la plus étonnante merveille qui ait jamais apparu sur la scène du monde. Depuis longtems la postérité a commencé pour lui, mais l'histoire n'a pu encore atteindre à sa hauteur. Pour juger Napoléon, et le suivre dans cette carrière si vaste et si pleine, parcourue en quelques années, il faut peut-être moins de talent que de bonne foi; et si comme l'a dit M. de Norvins, *l'écrivain, quel qu'il puisse être, doit trembler à l'aspect de ces proportions colossales*, il doit craindre bien plus encore de se tromper, que de rester au-dessous de son sujet.

Combien surtout ces erreurs seront-elles plus graves si cet écrivain mettant son opinion à la place de la vérité, oppose comme contraste au caractère de l'empereur, celui des autres membres de sa famille, et dépouille ainsi de leur part de grandeur et de gloire des Français faits rois, qui portèrent et conservèrent sur le trône de brillantes, de solides qualités, et concoururent aux triomphes, à l'agrandissement de la grande nation, comme diplomates ou comme guerriers.

La sentence portée par M. de Norvins n'est pas sans appel; le comte de St-Leu la défère à l'opinion publique; voilà le tribunal devant lequel cette grande famille impériale, qui s'honore d'être sortie des rangs du peuple, demande à comparaitre. C'est donc à la nation qu'il appartient de décider en dernier ressort; elle seule est compétente, car elle n'a pas concouru à cette loi barbare qui acquiesçant aux terreurs de la restauration et de l'étranger, a interdit la noble terre de France à ses plus généreux défenseurs, à ses plus belles illustrations, à ces hommes qui furent grands, parce qu'ils furent les hommes du pays, et qui furent accompagnés dans leur exil, des regrets et des vœux universels du peuple et de l'armée.

J. Bousquet,

Avocat à la Cour Royale de Paris,
Rédacteur de la Revue historique
et politique ayant pour titre :
Notre Histoire.

OBSERVATIONS
DE LOUIS BONAPARTE, COMTE DE St-LEU,
SUR
L'HISTOIRE DE NAPOLÉON,
PAR M. DE NORVINS.

Dans la préface de son ouvrage, p. 10, M. de Norvins s'exprime de la manière suivante à l'égard du frère aîné de l'empereur : *Il met sur la tête du faible Joseph la couronne d'Espagne*, etc.

Je ne conteste pas aux auteurs, quels qu'ils soient, le droit de concevoir et d'exprimer leur opinion sur les hommes publics; mais le public, à son tour, et particulièrement ceux qui y sont intéressés, ont incontestablement le droit d'exiger que de semblables opinions leur soient démontrées.

De ce que le frère du plus grand caractère connu de l'histoire lui était inférieur, s'ensuit-il qu'il fut tout l'opposé? Où serait le mérite des grands hommes, si tous leurs frères devaient le partager? et n'y a-t-il point de degrés d'un caractère tel que celui de Napoléon, à la faiblesse.

Était-il *faible* celui qui, très-jeune encore, ambassadeur à Rome, montra lors de la catastrophe du général Duphot autant de courage que de sang-froid et de fermeté, et sut soutenir avec dignité, et avec l'approbation générale, l'honneur de sa nation et de son gouvernement, malgré la fureur d'un peuple ennemi? Était-il *faible* celui qui sut soutenir les droits de son pays aux congrès de Lunéville, d'Amiens, de Mortefontaine, et conclut les traités importants de ces époques? Était-il *faible* celui qui osa accepter le périlleux honneur de commander en Espagne, et qui, étranger à l'art militaire jusqu'à l'âge de près de quarante ans, se vit tout-à-coup à la tête de l'armée d'Espagne, et gagna plusieurs batailles rangées?

Si la critique, trop souvent légère et partiale, lui reproche d'avoir quitté trop tôt la défense de Paris (1), a-t-elle pris une connaissance exacte de la situation dans laquelle il se trouvait, des instructions qu'il avait reçues? On ne peut se dissimuler que depuis la mort de Napoléon l'inimitié et la calomnie s'exercent avec une sorte d'acharnement contre ses frères et ceux qui

---

(1) Voici la lettre qui lui fut écrite par l'Empereur.

Rheims, 16 mars 1814.

« Au roi Joseph.

» Conformément aux instructions verbales que je vous ai données et à l'esprit de toutes mes lettres, vous ne devez pas permettre que, dans aucun cas, l'impératrice et le roi de Rome tombent entre les mains de l'ennemi. Je vais manœuvrer de manière qu'il serait possible que vous fussiez plusieurs jours sans avoir de mes nouvelles. Si l'ennemi s'avançait sur Paris avec des forces telles que toute résistance devînt impossible, faites partir dans la direction de la Loire, la régente, mon fils, les grands dignitaires, les ministres, les officiers du sénat, les présidens du conseil d'état, les grands-officiers de la couronne, le baron de la Bouillerie et le trésor. Ne quittez pas mon fils, et rappelez-vous que je préférerais le savoir dans la Seine plutôt que dans les mains des ennemis de la France. Le sort d'Astianax, prisonnier des Grecs, m'a toujours paru le sort le plus malheureux de l'histoire.

Votre frère, NAPOLÉON. »

portent son nom; ce parti paraît le plus commode, le plus sûr, le plus politique même, mais il n'est ni loyal, ni courageux, ni conforme au caractère d'un bon Français, d'un véritable historien.

Tome 1er, page 13. *Et la République devait être trahie par le maître* (Pichegru), *et détruite par le disciple* (Napoléon).

Quoi qu'on puisse dire, je soutiens que Napoléon n'a pas détruit la République, si par république on entend les avantages incontestables que la révolution a procurés aux individus : la consolidation de ces avantages était sa mission; elle était son but.

S'il n'a pas entièrement réussi, l'impartiale histoire examinera, avant de porter un jugement digne d'elle, si, loin d'être aidé dans l'accomplissement de son noble but, il n'a pas été contrarié de toutes les manières, et par d'imprudens amis qui cédaient, sans s'en douter peut-être, aux adroites et perfides suggestions de communs ennemis, cachés sous l'apparence de la flatterie, et aux intrigues patentes et secrètes de l'étranger, ainsi qu'à celles des *ultrà* de tous les partis.

L'histoire reconnaîtra que c'est par des prodiges si longtems renouvelés qu'il fit triompher sa patrie, la véritable liberté, et les droits de ses concitoyens.

Plus la postérité approfondira son histoire, et plus elle reconnaîtra que le but et le mobile de ses actions furent la véritable gloire, c'est-à-dire la consolidation des droits et du bien-être des Français, aussi bien que l'indépendance et la grandeur de la nation.

Il avait trop de génie pour ignorer la vérité, et son caractère était trop grand pour être accessible aux petites passions. C'est une mode chez quelques écrivains de traiter Napoléon de despote, comme s'il avait gouverné sans lois, comme si le gouvernement absolu pouvait être le but de celui qui n'usa jamais du plus grand pouvoir pour des passions ou des besoins personnels; lui à qui on ne peut reprocher aucun vice; lui qui ne se montra ni vindicatif, ni cruel, quoiqu'il fut inébranlable sur le trône comme sur le champ de bataille; lui dont les besoins étaient si modérés, et dont la soif de gloire n'était excitée que par l'amour et le suffrage de la postérité; lui qui, après avoir été le maître de presque toute l'Europe, se voua à l'exil sans trésor, sans fortune, et légua, en mourant, les épargnes de vingt années de conquêtes à ses guerriers, ne réservant aux siens, pour héritage, qu'une tresse de ses cheveux! Cette conduite ne fait-elle pas assez son éloge et celui des siens? Est-ce donc là la conduite d'un despote?

Tome 1er, page 17. *Mais son frère Louis avait eu le temps de prendre copie de ce Mémoire (le discours sur le Bonheur), récemment publié par le général Gourgaud*, etc.

Ceci n'est pas exact. J'étais bien à Auxonne avec mon frère lorsqu'il remporta le prix à l'académie de Lyon sur la question du bonheur; j'eus connaissance de cet ouvrage, mais imparfaitement, parce que j'étais entièrement occupé de mes études, et que, d'ailleurs, âgé de onze ans à peine, une telle prévision n'était ni de mon âge ni même nécessaire.

Tome 1er, page 48. *Le général Desaix commandait en second, le général Vial commandait le génie : il avait pour aides-de-camp Muiron et Duroc.*

Ceci n'est pas plus exact. C'est le général Dujard qui commandait en second l'artillerie de l'armée d'Italie.

Si j'ai bonne mémoire, c'est le général Lamy, qui commandait le génie.

Le seul aide-de-camp de Napoléon était Junot, mais il avait plusieurs officiers attachés à son état-major : Marmont, Muiron, Duroc, et moi qui venais d'embrasser l'état militaire, quoique j'eusse à peine quatorze ans.

Le nom du général Desaix a sans doute été mis là par erreur de plume au lieu du général Dujard.

Tome 1er, page 57. *Dans cette extrémité, le capitaine Sébastiani et Junot devenu officier, etc.*

Autre inexactitude. Sébastiani n'a jamais été attaché à l'état-major de Napoléon, et ne se trouvait pas auprès de lui. C'est Junot, Marmont et moi qui l'accompagnâmes à Paris. Je me souviens que chemin faisant nous nous arrêtâmes quelques jours à Chatillon-sur-Seine chez le père de Marmont, vieux gentilhomme, vénérable sous tous les rapports.

Tome 1er, page 61. *Alors il eut un moment, dit-on, l'idée d'aller servir le sultan; mais il fut bientôt détourné de ce projet par les circonstances qui amenèrent la journée du 1er prairial.*

Je sais qu'on a prêté ce projet à mon frère, mais j'étais alors avec lui et je n'en ai rien su.

D'ailleurs il est impossible qu'il ait été détourné de ce projet par les circonstances qui amenèrent la journée du 1er prairial, puisque si ma mémoire ne me trompe, nous étions chez Marmont, à Chatillon-sur-Seine, lorsque ces troubles éclatèrent, et que les parens de Marmont nous retinrent chez eux, plus que Napoléon n'avait projeté, à cause de ces troubles, et qu'en conséquence nous n'arrivâmes et nous ne pûmes arriver à Paris, qu'après les affaires du 1er prairial.

Tome 1er, page 76. *La Convention confirma*

sa nomination de général en second de l'armée de l'intérieur.

Ceci n'est pas encore exact : Il était général en second lors des troubles de vendémiaire, pendant lesquels Barras avait momentanément le commandement en chef. Aussitôt après la nomination de Barras au directoire, Napoléon fut nommé général en chef à Paris.

Tome 1er, page 89, 95, 96, 98. Lisez : *Abbenga*, *Albare*, *Cossaria*, *Ceva*, *au lieu de : Altare*, *Lonaria*, *Leva.*

Tome 1er, page 91. Les aides-de-camps sont : *Murat*, *Junot*, *Duroc*, *Muiron et Marmont.*

J'étais aussi du nombre, quoique encore enfant.

Tome 1er, page 129. Dans le récit de la révolte de Pavie, je fais observer que Lannes marcha à pied à la tête des grenadiers, et que j'étais avec ce peloton, et le seul cavalier.

J'eus l'ordre d'assister à cette attaque, à cheval, pour pouvoir reconnaître la situation de l'ennemi dans la place et ses dispositions, et revenir en rendre compte au plutôt.

Tome 2, page 17. *Tel que Sébastiani qui commandait le 3e de dragons.*

Erreur, le 9e de dragons.

Tome 2, page 247. *Le général Moreau commandait en Corse, etc.*

Erreur, lisez Morand.

Tome 2, page 313. *Mais ils sauront (les Jésuites) y rentrer un jour, sous la protection de son oncle le cardinal Fesch qui s'est chargé des représailles ecclésiastiques sur les conquêtes de la révolution. Sorti du sein de cette révolution et condamné sans elle à l'obscurité, Fesch laissera après lui ce funeste héritage à l'empire des Gaules dont il fut le primat. Mémorable exemple de ce fatal esprit de l'église romaine qui ne connaît ni famille, ni patrie.*

Si mon oncle le cardinal Fesch a montré quelquefois trop de zèle pour les intérêts de la religion, si ses opinions se ressentent de la force de la franchise de son caractère, il fut toujours louable dans ses motifs, nul ne professa plus ardemment un plus grand attachement à la doctrine de l'église gallicane, nul ne montra un caractère plus ferme et plus dévoué à sa famille et à son pays, comme à son diocèse ; nulle crainte, nulle vicissitude, nul avantage n'ont eu le pouvoir de le détacher d'eux.

Tome 2, page 344. *A Brienne, il ne revit pas sans une vive émotion le berceau de son éducation française.*

Pourquoi française ? En a-t-il eu deux ? Pourquoi cette induction qui ressemble à celle des libellistes ?

Tome 2, page 398. *On doit à l'impéritie et à l'indécision de Villeneuve les malheurs de notre marine à Aboukir, au cap Finistère et à Trafalgar.*

Je ne contredirai pas ce jugement sur les dernières batailles; mais quant à celle d'Aboukir, dont je fus témoin, cette assertion est d'autant plus injuste, que placé à l'extrême droite, il ne put rien contre les mauvaises dispositions de Brueys, dont personne ne fit connaître la mort, et que non-seulement il sut préserver deux vaisseaux et deux frégates de la destruction du reste de la flotte, mais il fit encore lâcher prise à la flotte victorieuse quand celle-ci voulut l'empêcher de se retirer, et c'est à lui que l'on doit le salut de ces quatre bâtimens.

Tome 2, page 444. *Le même jour, le roi de Hollande entre à Gottingue avec l'avant-garde de l'armée du nord.*

Cela n'est pas exact. Je m'arrêtai devant Cassel, avec mon armée, parce que je n'y étais venu que pour accourir au secours du maréchal Mortier, qui avait dû marcher avec deux seuls régimens contre toute la Hesse en armes, mais qui se trouvant maître de Cassel depuis la veille, à mon arrivée dans cette capitale n'avait plus besoin de mon secours; je n'outrepassai point Cassel dans ma course en Allemagne, et après avoir pris quelques heures de repos dans la maison du ministre de France à Cassel, et avoir fait ma visite à l'électrice, je revins en Hollande après avoir fait rentrer dans la place de Hameln, un corps prussien qui la protégeait, et avoir laissé un corps de troupes chargé de la bloquer.

Tome 2e, page 458. Le même jour (16 novembre) *le général Loison prenait possession, au nom du roi de Hollande, du pays de Munster, Osnabruck, etc., etc.*

Ceci n'est pas encore exact, quoique les journaux et d'autres ouvrages l'aient affirmé dans le tems.

Je commandais une armée combinée, et c'est au nom de l'armée combinée que ces pays furent occupés.

Tome 3e, pages 31 et 32 : *Il y a plus de faiblesse que de vanité dans l'élévation des frères de Napoléon. Cet homme, si terrible contre les rois armés, soumet sa politique et son caractère à ce qu'il appelle des devoirs de famille.*

Cela est faux. Il sacrifia non seulement ses devoirs de famille, mais même ses affections aux intérêts et au bien-être de la France, et je suis une preuve irrécusable que ce n'est pas pour l'intérêt de sa famille ni pour l'élévation de ses frères qu'il érigea les royaumes où ils furent placés.

Tome 3e, page 58 : *Le 21 janvier, le sénat proclame la réunion à la France du port de Flessingue.*

Il est bien vrai qu'il y eut un traité d'échange d'un petit territoire sur les frontières du Brabant contre la moitié de Flessingue, car la possession de cette place était indivise entre la Hollande et la France, mais il n'est pas moins vrai que ce traité fut un acte forcé non seulement par la volonté du gouvernement français, plusieurs fois repoussé et revenant toujours avec plus d'instance, mais encore par les vexations que les autorités hollandaises avaient à supporter constamment : vexations devenues intolérables et qui ne pouvaient manquer d'exaspérer au dernier point la nation. La petite garnison hollandaise du fort de Ramskent situé près de Flessingue, fut expulsée de ce fort contre tout droit et sans ombre de motif raisonnable, puisque ce fort était sous les ordres du général français qui commandait à Flessingue.

Tome 3e, pages 84, 85 et suivantes. Je fais observer que je reçus, le premier, l'offre d'échanger la Hollande pour l'Espagne et que je la rejetai vivement parce qu'elle me paraissait une injure.

Je répondis que tous les rois étaient égaux; que la différence de puissance n'y faisait rien, et que je ne voyais pour moi d'autre promotion que le ciel.

Cette observation de ma part serait puérile si je n'avais remarqué dans cet ouvrage beaucoup trop d'inductions défavorables au caractère des frères de l'empereur et surtout au mien.

Tome 3e, page 231. *Cependant le général Gratien à la tête d'une division hollandaise de* 2,400 *hommes augmentée de* 1,500 *Danois, avait suivi la marche de Schill, et s'empura de Stralsund de vive force par escalade.*

Je fais observer que le général Gratien avait été admis par moi au service de Hollande et était par conséquent un général hollandais; que les Danois ne firent qu'aider les Hollandais; que ce n'est pas 2,400 hommes seulement que j'avais en Westphalie, mais toutes mes troupes disponibles, à l'exception de ma garde.

Tome 3e, page 234. *Le général Zayoncheck, ancien aide-de-camp du général en chef de l'armée d'Orient.*

Autre inexactitude. Zayoncheck n'était pas aide-de-camp du général en chef de l'armée d'Orient, il y était employé comme général de brigade, et s'y conduisit avec la valeur naturelle aux Polonais.

Tome 3e, page 271. Il est dit, en parlant de l'expédition anglaise à Walcheren, ce qui suit : *La Hollande offrait par elle-même une singularité très-remarquable sous le règne d'un des frères de Napoléon, au milieu de la guerre que soutenait l'empereur aux deux extrémités de l'Europe et dans les états limitrophes de la Hollande, le roi Louis que dominaient les conseils d'une politique plus qu'étrangère à la France, venait de licencier une partie de son armée, de désarmer dans ses ports et de congédier ses marins; aussi le peuple hollandais en prit-il occasion de donner à son souverain une leçon de morale en se montrant tout-à-coup aussi peu fidèle à ses sermens envers lui, que ce prince à ses engagemens envers Napoléon.*

Ce fut alors que l'empereur chargea son ministre de la guerre d'écrire au roi Louis que le royaume de Hollande était beaucoup moins utile à la cause commune que ne l'avait été l'ancienne république.

C'est avec un sentiment bien pénible que j'ai lu ces lignes écrites par un auteur que tout annonce être l'ami de mon frère, et c'est avec une surprise égale à ma peine que je me trouve dans la nécessité de réfuter une aussi injurieuse et calomnieuse assertion.

Le roi Louis, que vous accusez aussi injustement, n'avait cessé depuis longtems d'attirer l'attention de l'empereur sur les préparatifs formidables qui se faisaient en Angleterre, et sur le danger de dégarnir, comme on le faisait, les côtes de Hollande et les bouches de l'Escaut.

On ne tint aucun compte de mes réclamations, et, seul avec ma garde, je me vis obligé de surveiller et défendre les côtes du royaume lorsque l'expédition anglaise arriva, je fus le premier, avec ma garde et ma flotille, à courir au secours d'Anvers. C'est moi qui fis inonder les rives de l'Escaut et qui y fis élever les batteries qui arrêtèrent la marche des Anglais et les empêchèrent de surprendre Anvers comme ils avaient surpris Walkeren. Je n'hésitai pas à dégarnir toute la Hollande pour protéger ce grand établissement maritime de la France. La leçon que le peuple hollandais me donna fut de se montrer inaccessible aux séductions et aux tentatives de l'Angleterre et même des partisans de la maison d'Orange pour insurger le pays, et de me fournir avec une activité étonnante les bataillons de volontaires qui coururent me rejoindre sur les côtes du Brabant et de la Zéelande.

La leçon que les Hollandais me donnèrent me fût répétée par le corps d'armée hollandais en Westphalie qui accourut sous les ordres du général hollandais Van Hasselt, malgré le général

Gratien, défendre son pays. Si le fort de Bath fut évacué, c'est que le général hollandais Bruce qui commandait les côtes de Zéelande, n'avait point de troupes sous ses ordres si ce n'est quelques canoniers gardes-côtes. Ce général fut cependant mis en jugement, mais bientôt acquitté, parce qu'il n'était pas coupable et qu'on ne pouvait lui reprocher qu'un peu de précipitation, car sa bravoure était connue et prouvée depuis longtems.

D'ailleurs la surprise était naturelle puisque l'armistice venait d'être conclu en Allemagne, et qu'il était plus qu'invraisemblable qu'une expédition qui avait vainement menacé la grande armée d'une diversion quand les opérations de la guerre étaient en pleine activité, pût s'effectuer après la cessation des hostilités.

Si donc la Hollande offrit à cette époque une singularité remarquable, ce ne fut pas celle dont vous parlez, mais au contraire celle d'un roi étranger et nouveau, entièrement isolé au milieu d'une nation étrangère, maintenant son peuple dans le calme et la surbordination, entre les peuples insurgés de la Westphalie et une puissante invasion, pendant que son armée était éloignée, au service de France, partie en Espagne et partie en Westphalie. Or, non seulement la nation se maintint dans le calme et la subordination, mais elle montra du zèle et du dévouement à son gouvernement et lui fournit ses ressources en hommes et en argent, malgré la stagnationpresque complète du commerce et la détresse des individus.

Vous voyez, Monsieur, par là, qu'il s'en faut de beaucoup, que ce que vous avancez soit exact.

Tome 3ᵉ, page 274. *Le roi de Hollande, en sa qualité de connétable de l'empire, dut prendre la direction des troupes; mais ce prince se trouva bientôt embarrassé de ses nouvelles fonctions : il tremblait pour ses états, et demandait instamment un maréchal à qui il put remettre le fardeau de la guerre. Alors on appela Bernadotte à l'armée du Nord, et tout fut organisé pour la garantie de cette importante mission.*

Vous dites plus bas :

Bernadotte ne partit de Paris que le 12 *août, et n'entra que le* 15 *à Anvers, où l'on était déjà complètement en mesure contre toute attaque*, etc., etc.

Je ne me trouvais pas plus embarrassé de mes nouvelles fonctions que lorsque, quelques années auparavant, à l'époque de la bataille d'Austerlitz, je pris sur moi de me porter rapidement avec les troupes de mon commandement militaire de Paris sur les frontières de France et de Hollande, et que je réussis à empêcher les Anglais et les Prussiens d'envahir cette contrée. Je tremblais si peu pour mes états que je ne balançai pas à dégarnir les côtes des troupes et de la marine qui restaient encore, pour sauver Anvers : j'abandonnai même la capitale. Vous conviendrez cependant que, de quelque grand intérêt que fût l'arsenal maritime d'Anvers, il l'était moins pour des Hollandais qu'Amsterdam. Si vous connaissez l'état des choses à cette époque, ce que je ne puis mettre en doute, puisque je m'adresse à un historien, vous ne devez pas ignorer que c'est l'empereur lui-même qui nomma le prince de Ponte-Corvo pour commander l'armée à Anvers, et qu'il vint me remplacer le lendemain de la fête de l'empereur, c'est-à-dire le 16 du mois d'août, puisque c'est moi qui la célébrai à la tête de l'armée combinée. J'oserai demander comment vous conciliez l'embarras que vous me supposez pendant les quinze jours de mon commandement sous Anvers, entre le 1er et le 15 août, puisque vous convenez qu'à cette époque, lorsque le prince de Ponte-Corvo arriva, alors même » *l'on était déjà complètement en mesure contre toute* » *attaque*, etc.

La lettre que le Ministre de la guerre, duc de Feltre, m'écrivit, comme vous le rapportez avec peu de bienveillance, permettez-moi de le dire, n'est pas de cette époque, mais de quelques mois plus tard, pendant mon voyage à Paris.

Tome 3e, page 325. *Napoleon avait appris sur les lieux à connaître les alliés secrets et nécessaires de l'Angleterre; par une conséquence naturelle de cette découverte, il tenait son frère pour suspect*, etc.

C'est ici, Monsieur, que j'ai besoin de toute la modération et de tout le flegme de mon caractère pour contenir ma juste indignation. Où avez-vous vu que mon frère me tenait pour suspect? et comment trouvez-vous une conséquence naturelle de la connaissance qu'il prit par lui-même sur les lieux des amis secrets et nécessaires de l'Angleterre, puisqu'il ne vint en Hollande que plusieurs mois après, lorsqu'on eut pris au royaume deux provinces, et après que j'eus été retenu plusieurs mois à Paris pour ainsi dire aux arrêts, luttant journellement contre des efforts sans cesse renouvelés pour lasser ma résistance, et me forcer à abandonner la Hollande. Convenez, Monsieur, que si celui qui se trouva pendant l'hiver de 1809 à 1810 dans une telle situation, tremblait pour ses états comme vous le dites, il ne tremblait pas sans courage, sans persévérance et sans fermeté, parce qu'il n'était pas difficile de prévoir que l'orage amassé par l'Angleterre aux portes de la Hollande, finirait par tomber sur ce pays, soit que cet orage eût été amené par la fausse politique de l'Angleterre ou par celle de la France, qui manifestant hautement le dessein de réunir ce pays à l'empire, devait désirer de laisser la Hollande dégarnie, afin d'avoir l'occasion d'y entrer avec une forte armée.

Tome 3e, page 328. *Mais Louis se refusa un peu tard à croire qu'il n'était roi de Hollande que par la grâce de la France, et à se réduire au rôle d'administrateur responsable d'une succursale de l'empire.*

La fausseté des critiques se découvre par leurs contradictions. Dans le Mémorial de Sainte-Hélène, on fait dire à mon frère sur moi. *Louis ne s'est montré qu'un bon préfet;* ici l'on me reproche de ne l'avoir pas été; mais si j'ai été un roi préfet, je ne me suis donc pas montré roi indépendant; je n'ai pas méconnu que je n'étais roi que par l'influence de la France; je n'ai pas été dominé par des conseils plus qu'étrangers, comme vous le dites.

Lorsqu'on accusait mon gouvernement d'être favorable aux Anglais, il détruisait *Schill* et soutenait le royaume chancelant de Westphalie.

Lorsqu'on l'accusait de licencier ses troupes et sa marine, il avait une flottille inutile à Boulogne, une en Zéelande, et deux escadres, l'une dans la Meuse et l'autre au Texel.

Sans doute l'on peut me reprocher des changemens continuels dans l'organisation et la forme des corps de troupes et des détachemens de la marine, mais ces inconvéniens étaient inveitables, parce qu'ils dépendaient des événemens militaires de la France et des exigences envers la Hollande, auxquelles on tâchait de faire face le plus possible, en tournant et retournant, s'il est permis de s'exprimer ainsi, l'administration intérieure, de toutes les manières.

Un historien peut-il onblier que la Hollande était bloquée par terre et par mer, forcée à des armemens infiniment supérieurs à ses ressources. Elle était dans la situation d'un homme à qui on aurait lié les jambes et que l'on voudrait faire courir, et cela dans le but secret de la réduire au point de demander elle-même la réunion. Voilà ce qu'une impartiale histoire peut dire, et non pas ajouter encore aux calomnies surannées de l'inimitié et d'une fausse politique.

Tome 4ᵉ, page 506. *Je pardonne à Louis le libelle qu'il a publié en* 1820 *: il est plein d'assertions fausses et de pièces falsifiées.*

Par quel hasard, Monsieur, par quelle fatalité dois-je me défendre de n'avoir pas été ce que je n'ai pas été réellement aux yeux de tout le monde ? Par quel hasard, par quelle fatalité, quand ma vie entière a été un sacrifice long et pénible à mes devoirs et à mes sentimens de

Français et de frère non-seulement les amis de la France et de mon frère ne m'en tiennent aucun compte, mais semblent vouloir me punir d'avoir tout sacrifié à ces devoirs, et à ces sentimens de Français et de frère.

Sans doute que le passage du testament de mon frère, cité ci-dessus, est contre moi. Mais je le lis et le relis comme la première fois qu'il vint à ma connaissance non sans peine assurément, mais sans trouble et avec l'entière conviction qu'il est injuste, que la religion de mon frère fut surprise à mon égard, non-seulement durant son règne, mais même après et jusqu'à ses derniers momens.

Je n'en veux pour preuve que le livre qu'il me reproche. Livre que j'ose croire aussi modéré que calme et sans passion, du moins ce sont les dispositions que j'y ai apportées en l'écrivant, et quant à la nécessité de la publication, vous-même prenez soin de la faire ressortir par votre ouvrage, et tant de calomnies.

TOME 3e PAGE 329. *Immédiatement après son abdication, le roi Louis quitta secrètement la Hollande et prit la route de Tœplitz.*

Je partis secrètement, il est vrai, mais ce n'est pas la Hollande que je fuyais secrètement; C'étaient les obstacles que l'on pouvait opposer au sacrifice fait au pays, et à mon fils. Malgré votre injustice à mon égard, je vous estime assez, Monsieur, pour vous assurer que si j'avais à recommencer ma vie depuis vingt-quatre ans, je ne me conduirais pas autrement que je ne l'ai fait.

Si vous aviez lu mes documens sur la Hollande, si vous aviez fixé votre attention sur ma vie, vous ne m'eussiez pas calomnié d'une manière aussi pénible pour moi, et, j'ose dire, aussi injuste.

Sans doute, la devise que j'ai adoptée et qui fit toujours la règle de ma conduite, est louable, mais qu'elle est difficile à suivre!

Quand forcé dans mes derniers retranchemens et réduit au désespoir, je crus devoir à la Hollande de tout quitter pour elle, ce n'est pas en Angleterre que je me retirai; ce n'est pas dans un pays ennemi, mais dans le pays de l'impératrice de France jusqu'au moment où ce pays déclara la guerre au mien.

D'où vient donc, Monsieur, j'ose le demander, l'injuste acharnement de quelques écrivains contre moi, principalement depuis la mort de mon frère.

Pourraient-ils trouver dans une expression échappée à une situation si pénible une excitation à m'attaquer, à me calomnier?

Quoi qu'il en soit, la mémoire et la gloire de mon frère m'ont été, me sont et me seront toujours chères, malgré les piéges et les calomnies de l'inimitié et d'une politique fausse et odieuse.

Mon frère me tenait si peu pour suspect, qu'après l'abdication en 1810, il fit plusieurs fois des efforts inutiles pour me faire rentrer auprès de lui, et que malgré cela il me fit décerner par une sénatus-consulte un apanage que je refusais obstinément.

En 1814 à l'époque du traité de Fontainebleau, il me fit comprendre dans les dispositions qui concernaient les autres personnes de ma famille, et cela malgré mon refus formel, comme vous pouvez le voir par ma protestation publiée dans les gazettes de Lauzanne où je me trouvais alors.

Il m'appela à Paris, en 1815, quoique j'aie refusé alors de quitter Rome, il me rendit malgré moi le rang et les honneurs de prince français.

Cela prouve-t-il qu'il me tint pour suspect? Des interprêtes amis de mon frère qui assistèrent à ses derniers momens et représentaient auprès de lui la France et sa famille, vous diront que j'eus part au glorieux legs qu'il laissa à celle-ci, legs digne de lui : une tresse de ses cheveux que je possède.

Mon frère prit soin de mon enfance, je fus son aide-de-camp, je fus le premier à pressentir son génie extraordinaire, j'avais pour lui les sentimens et le respect d'un fils, lorsqu'il voulut absolument que je quitasse la France et que j'allasse régner en Hollande, il entendit l'assurance que je lui donnai que ce serait en devenant bon Hollandais que je lui prouverais que j'étais et avais toujours été bon Français.

Arrivé en Hollande, et alors seulement, je fus forcé de suivre une route distincte. En cherchant quels étaient mes nouveaux devoirs, je ne me suis jamais dissimulé que je n'étais roi de Hollande que par l'influence de la France, et pour vous le prouver, je vous dirai qu'en 1808, vivement affligé de la pénible situation du bon peuple hollandais, doublement pressé entre les exigences impérieuses, exorbitantes de la guerre, et les vexations du commerce, principale et pour ainsi dire seule ressource du pays et sous un système de contributions colossal et forcé, qui écrasait toute la population, je fis assembler le conseil de chaque province et leur demandai directement s'ils consentaient à supporter un tel fardeau, et si un gouvernement pénible comme le mien était conforme à leurs vœux. Je reçus alors une réponse unanime et c'était que, *malgré les souffrances du pays, et la nouveauté de la monarchie pour une nation essentiellement républicaine, elle était contente de son gouvernement, et elle ne désirait point d'en changer.*

Convenez-donc, Monsieur, que j'ai fait en Hollande ce qu'il était humainement possible de faire, soit comme Français, soit comme frère. Je ne dis pas pour cela que j'ai agi pour le mieux, ni même que j'ai bien agi, je dis seulement que j'ai fait ce que me dictaient mes devoirs, du moins d'après mes lumières; car tout homme n'est tenu d'agir que d'après la part de raison qui lui est départie.

Lorsqu'en 1820 je crus devoir publier des documens sur la Hollande, ou plutôt le compte rendu de mon règne, un critique anglais imprima dans une courte analyse qu'il regrettait que les idées qu'il contenait ne fussent pas assez élevées. Je fus blessé de cette observation, parce qu'elle venait d'un des éditeurs de l'ouvrage, et que je la trouvais consignée dans le prospectus, mais je n'en fus pas autrement étonné ni peiné, chacun je le répète, ne devant et ne pouvant agir que d'après ses lumières et sa conscience; pour moi surtout, qui ai toujours pensé que la véritable grandeur, et l'élévation des sentimens se trouvaient dans l'amour de ses devoirs et de ses semblables. Je suis fâché, je vous l'avoue, Monsieur, de voir que vous ne partagez pas mon opinion sur cet article.

Sans doute, si j'avais cru que l'on passerait sous silence ce qui me regarde dans l'histoire de mon frère, et dans celle de la Hollande, j'aurais continué à me taire, mais lorsque l'on semble prendre à tâche de me faire passer pour l'opposé de ce que je suis, lorsque l'on pousse la cruauté jusqu'à ajouter encore aux peines d'un exil de vingt années qui date de l'époque de la plus grande prospérité de ma famille, lorsque sans un nouveau motif, sans même de nouveaux prétextes, on vient troubler une retraite assez pénible, par des imputations et des calomnies, qu'il est impossible d'effacer entièrement, ma seule consolation sera de vous déclarer, Monsieur, que vous êtes complètement dans l'erreur à mon égard et que ma seule peine est d'être obligé de compter des amis de mon frère au nombre de ces écrivains qui semblent avoir reçu depuis sa mort, la mission de m'attaquer et de me calomnier.

Ce n'est pas comme eux que parlera l'histoire.

Je n'aurais pas été surpris que vous ne parlassiez pas de moi, mais dès que je vous tombais sous la main, de quelque peu d'importance que soient pour vous quatre années de l'histoire de Hollande, n'auriez-vous pas dû chercher à connaître le caractère, les sentimens et la conduite d'un compatriote, du frère de celui dont vous êtes l'historien, avant de lui faire des blessures si cruelles et si peu méritées?

Vous êtes trop estimable pour avoir pu vous jouer ainsi de la réputation et de la tranquillité de quelqu'un que vous ne connaissez pas. Je crains que vous n'ayez cédé à des suggestions perfides.

Croyez-vous, Monsieur, que si, comme vous le dites, *j'eusse été dominé par les conseils d'une politique plus qu'étrangère à la France*, je serais rentré en France le jour même, pour ainsi dire, que les Hollandais me dégagèrent de mes obligations envers le pays, en acceptant la maison d'Orange, croyez vous que, si un homme tel que moi avait pu oublier ses devoirs et ses sentimens, il n'aurait pas trouvé mieux que l'exil, l'isolement, l'inimitié qui le tourmente depuis 20 ans, lorsqu'en 1813 il se trouvait en Autriche depuis trois ans, et que tout se tournait contre la France? Quelle que soit l'opinion du monde sur la famille de l'empereur Napoléon, l'histoire ne pourra pas dissimuler que, nés loin du trône et ombragés par le grand génie de leur chef, tous les membres de cette famille, se montrèrent dignes de lui, dignes de la France.

En effet, considérez-les l'un après l'autre, et moi-même dont la raison, le courage, l'inépuisable bonté et la bienfaisance sont connus; et ce digne ecclésiastique sincère, ferme et loyal; et Joseph, l'ami d'enfance de Napoléon, pacificateur et général, et Lucien dont le caractère et les talens sont si supérieurs; et Jérôme qui, à Waterloo, a prouvé sa valeur et ses talens; et Elisa qui laissa des regrets si vifs et si sincères à Lucques; et Caroline qui lors des malheurs de son mari à Naples, montra le génie et le caractère d'un homme d'état; et Pauline qui, à la fleur de l'âge, entourée d'hommages et de séductions, préféra suivre son premier mari à St.-Domingue, et braver avec lui les mers et la fièvre jaune, et qui, lors des malheurs de son frére, le suivit à l'île d'Elbe et mit à ses pieds tout ce qu'elle possédait.

Voilà, Monsieur, les qualités et les vertus de cette famille, qui, dans les jours de sa splendeur, méprisa la louange et la flatterie, et qui, maintenant sur la terre d'exil, devait s'attendre à être jugée avec plus d'impartialité par un homme tel que vous, à qui la vérité conviendrait mieux que la calomnie.

Comte de St. Leu.

IMPRIMERIE DE GOETSCHY FILS ET COMPAGNIE.

www.ingramcontent.com/pod-product-compliance
Ingram Content Group UK Ltd.
Pitfield, Milton Keynes, MK11 3LW, UK
UKHW032021260826
14628UKWH00006B/2640

9 782012 39743